La Vida Abundante en Jesús

Dr. Joffre P. Vivoni

Foundations Publishing

2011

La Vida Abundante en Jesús
ISBN 978-0-9827532-3-1

Todos los versos bíblicos a menos, que sea especificado, han sido tomados de la versión Reina Valera 1960 de la Biblia

Foundations Publishing
P.O. Box 8068
Jacksonville, FL 32239-8068
904-221-7606
www.biblefoundations.net

Indice:

Introducción:

Un deber importante de la Iglesia del Señor es alcanzar almas para el reino de Dios. Sin embargo, uno de los problemas más grandes que enfrentan los nuevos creyentes es que muchas veces no se les da suficiente seguimiento después de que ellos vienen al Señor. Se les dá una Biblia, unas clases de "Recién Convertidos" y se envían al mundo esperando que se comporten como cristianos maduros. ¿Estarán listos? ¿Tendrán las armas que necesitan para luchar en contra de las tentaciones y perseverar?

Por medio de este libro quisiera ayudar en el crecimiento de los nuevos convertidos proveyéndoles una guía escrita que conteste algunas de las preguntas más comunes que enfrentan en su comienzo como cristianos. Espero sea de bendición.

El Nuevo Nacimiento:

Juan 3:1-4 nos dice que en los tiempos de Jesús...

"Había un hombre de los fariseos que se llamaba Nicodemo, un principal entre los judíos. Este vino a Jesús de noche, y le dijo: Rabí, sabemos que has venido de Dios como maestro; porque nadie puede hacer estas señales que tú haces, si no está Dios con él. Respondió Jesús y le dijo: De cierto, de cierto te digo, que el que no naciere de nuevo, no puede ver el reino de Dios. Nicodemo le dijo: ¿Cómo puede un hombre nacer siendo viejo? ¿Puede acaso entrar por segunda vez en el vientre de su madre, y nacer?"

Como verán, en estos versos el "Nuevo Nacimiento" es un término dificil de entender aún para los estudiosos de la Biblia. ¿Qué significa el Nacer de Nuevo? La Biblia nos enseña lo siguiente en Juan 1:11-12:

"A lo suyo vino, y los suyos no le recibieron. Mas a todos los que le recibieron, a los que creen en su nombre, les dio potestad de ser hechos hijos de Dios..."

El término "Nacer de Nuevo" significa "nacer" en la familia de Dios. Este nuevo nacimiento no es un nacimiento físico, es un nacimiento espiritual.

Para poder nacer de nuevo no basta con sólo creer, es necesario también recibir a Jesús como nuestro Salvador y Señor; sólo entonces venimos a ser parte de la familia de Dios. Creer en Dios sin recibir a Cristo como Salvador no es suficiente para el Señor. Santiago 2:19 bien dice

"Tú crees que Dios es uno; bien haces. También los demonios creen, y tiemblan."

Cuando recibimos a Cristo como nuestro Salvador, El nos perdona nuestros pecados. Cuando lo recibimos como Señor, lo hacemos dueño de nuestras vidas; por tanto, una vez limpios, debemos dejar nuestra naturaleza de pecado y comenzar una vida nueva de servicio al Señor.

Desgraciadamente, existen personas que dicen creer en Jesús y haber nacido de nuevo pero su forma de vivir demuestra que no es cierto.

Ningún ser humano puede hacernos nacer de nuevo, sólo Dios lo puede hacer. Muy claro lo vemos en 1 Pedro 1:3 que nos dice:

"Bendito el Dios y Padre de nuestro Señor Jesucristo, que según su grande misericordia nos hizo renacer para una esperanza viva, por la resurrección de Jesucristo de los muertos."

Resumen:

Nacer de Nuevo no es un nacimiento físico, es un nacimiento espiritual y ocurre al recibir a Cristo como nuestro Señor y Salvador. De ese momento en adelante somos miembros de la familia de Dios. Este nuevo nacimiento no viene por ningún esfuerzo humano, es algo que Dios hace en nosotros. Es una obra de Dios mismo.

Este Nuevo Nacimiento no sólo nos hace entrar en una nueva familia, nos da la oportunidad de vivir una nueva vida, la vida de Cristo mismo. Esta nueva vida es la Vida Abundante a la cual nos referimos en este libro.

El Arrepentimiento

El Nuevo Nacimiento no es algo que se puede hacer por sí mismo, mucho menos algo que otro puede hacer por usted. Es algo que sólo Dios puede hacer y ocurre cuando recibimos a Cristo como nuestro Salvador y Señor. En 1 Pedro 1:3, la Biblia nos dice:

"Bendito el Dios y Padre de nuestro Señor Jesucristo, que según su grande misericordia nos hizo renacer para una esperanza viva, por la resurrección de Jesucristo de los muertos."

Recibir al Señor es un paso muy importante en nuestras vidas, y no consiste en sólo repetir una oración, consiste en reconocer su amor y soberanía absoluta. Es cambiar nuestra actitud y manera de pensar, es decidir poner nuestras vidas al servicio de Dios. Ese cambio de actitud y manera de pensar es el "Arrepentimiento".

La Biblia ordena en Mateo 3:8

"Haced, pues, frutos dignos de arrepentimiento..."

El arrepentimiento no es solamente sentir tristeza por nuestras faltas, significa tener el deseo de cambiar y de no seguir cometiendo otras faltas. Hacer frutos dignos de arrepentimiento significa vivir una vida que demuestre que ha habido cambio en nosotros. Significa que hay en nosotros cambio en nuestras actitudes y pensamientos. En otras palabras, es comenzar a comportarnos de acuerdo a lo que Cristo espera de nosotros.

Resumen:

Cuando recibimos a Cristo como nuestro Salvador y Señor, venimos a ser parte de la familia de Dios y nacemos de nuevo. Recibir a Cristo es más que repetir una oración. Recibir a Cristo significa reconocer que El murió por nuestros pecados en la cruz del Calvario y conlleva además, arrepentirnos de nuestros pecados, pedirle perdón de corazón y dejar que El tome control de nuestras vidas.

Arrepentirse es más que el sólo tener tristeza por nuestros pecados, es cambiar de actitud haciendo un esfuerzo consciente de cambiar nuestro comportamiento. El vivir una vida distinta es la evidencia de que ha habido verdadero arrepentimiento en nosotros.

En otras palabras, recibir al Señor es reconocer que somos pecadores, que necesitamos a Jesús, que queremos la salvación; conlleva arrepentirnos de nuestros pecados y hacer un esfuerzo consciente por vivir confome a la Palabra. Al fín y al cabo, El nos amó lo suficiente para pagar el precio en la cruz del Calvario por nosotros. Nosotros en agradecimiento y por amor, debemos poner nuestras vidas a su servicio.

La Fé

La Biblia nos enseña en Hechos 20:18-21

"Vosotros sabéis cómo me he comportado entre vosotros todo el tiempo, desde el primer día que entré en Asia, sirviendo al Señor con toda humildad, y con muchas lágrimas, y pruebas que me han venido por las asechanzas de los judíos ... testificando a judíos y a gentiles acerca del arrepentimiento para con Dios, y de la fe en nuestro Señor Jesucristo."

En este momento, quisiera introducir otro concepto, el concepto de la fé. ¿Qué es la fé? Habrá muchas definiciones de la fé, pero la definición bíblica se encuentra en Hebreos 11:1

"Es, pues, la fé la certeza de lo que se espera, la convicción de lo que no se ve."

En palabras sencillas, tener fé consiste en estar seguro de algo, sin haberlo visto o entendido.

Testificar de la fé en Jesús consiste en lo siguiente:

1. Tenemos que tener fé de que Jesús es nuestro Salvador. Vemos en Mateo 1:21 que hace unos dos mil años atrás, un angel le anunció a José que la virgen María daría a luz un bebé.

"...y llamarás su nombre JESÚS, porque él salvará a su pueblo de sus pecados."

Colosenses 1:14, refiriéndose a Jesús nos añade:

..."en quien tenemos redención por su sangre, el perdón de pecados."

2. Tenemos que tener fé en que al derramar su Sangre en el Calvario, Jesús proveyó perdón para nuestros pecados; esta redención es para todos los que en El creyeron.

"De éste dan testimonio todos los profetas, que todos los que en él creyeren, recibirán perdón de pecados por su nombre." Hechos 10:43

3. No basta con creer que Jesús es un Salvador; es necesario creer que El es el único Salvador. Hechos 4:12

"Y en ningún otro hay salvación; porque no hay otro nombre bajo el cielo, dado a los hombres, en que podamos ser salvos."

En otras palabras, tener fé en Jesús es creer que El es el único que puede salvarnos, y que El, al derramar su Sangre en la cruz del Calvario, pagó el precio por nuestros pecados, nos perdonó de todos ellos y nos salvó de ir al infierno.

Resumen:

Es necesario nacer de nuevo para poder entrar al cielo. Nacer de Nuevo significa nacer en la familia de Dios. Para poder Nacer de Nuevo es necesario el arrepentirse y recibir a Jesús como nuestro Salvador. El arrepentimiento es un cambio en nuestra actitud y en nuestra manera de pensar lo cual nos lleva a creer y a recibir a Jesús como nuestro Salvador personal. Creer en Jesús es saber con toda certeza que El es el único que nos puede dar salvación y que El pagó el precio por nuestros pecados, nos perdonó y nos dá acceso al cielo. Recibirlo significa aceptarlo como nuestro Salvador confesar con nuestros labios que Jesús es el Señor.

"...que si confesares con tu boca que Jesús es el Señor, y creyeres en tu corazón que Dios le levantó de los muertos, serás salvo." Romanos 10:9

La Obediencia

Ahora que hemos entendido lo que significa el nacer de nuevo y lo que es necesario para ese nuevo nacimiento, vamos a tratar de explicar lo que se espera de nosotros al nacer en la familia de Dios.

Al entrar en la familia de Dios, tenemos un nuevo Padre y como dice Juan 1:11-12, ese Padre es Dios.

"A lo suyo vino, y los suyos no le recibieron. Mas a todos los que le recibieron, a los que creen en su nombre, les dio potestad de ser hechos hijos de Dios."

Dios nos ama, y porque nos ama nos enseña las reglas que tenemos que seguir para que podamos alcanzar todas las bendiciones que El tiene para con nosotros. Nosotros, si en realidad lo amamos, tenemos que obedecer esas reglas.

Muy bien la Palabra en Juan 14:15 dice

"Si me amáis, guardad mis mandamientos."

La palabra Señor significa que El es dueño de nuestras vidas. Lo bueno de todo es que Dios es un Padre que nos ama y es un dueño misericordioso. El todo lo hace por nuestro bien.

Ahora que hemos nacido en la familia de Dios, tenemos que entender que también existe un enemigo al cual no vemos y que quiere destruírnos. Antes de venir a Cristo estábamos bajo el dominio de Satanás. Por supuesto, ahora él no está contento porque salimos de su dominio y esclavitud y, por todos los medios, va a tratar de que volvamos a él. No debemos hacerlo. La Biblia lo expresa muy claramente.

"Ninguno puede servir a dos señores; porque o aborrecerá al uno y amará al otro, o estimará al uno y menospreciará al otro. No podéis servir a Dios y a las riquezas". Mateo 6:24

Dios conoce lo más profundo de nuestros pensamientos, y como dice en Hebreos 4:13,"

"Todas las cosas están desnudas y abiertas a los ojos de aquel a quien tenemos que dar cuenta..."

En otras palabras, obedecer a Dios incluye obedecerlo inclusive con nuestros pensamientos. Pablo dijo en 2 Corintios 10:4-5

"...porque las armas de nuestra milicia no son carnales, sino poderosas en Dios para la destrucción de fortalezas, derribando argumentos y toda altivez que se levanta contra el conocimiento de Dios, y llevando cautivo todo pensamiento a la obediencia a Cristo..."

Cambiar nuestros pensamientos no es un cambio que viene inmediatamente. Es un proceso que continúa por toda nuestra vida pero que debe comenzar en el momento en que entramos en la familia de Dios. Pablo nos instruye de esta manera en Romanos 12:2:

"No os conforméis a este siglo, sino transformaos por medio de la renovación de vuestro entendimiento, para que comprobéis cuál sea la buena voluntad de Dios, agradable y perfecta."

En Filipenses 4:8 nos da este sabio consejo:

"Por lo demás, hermanos, todo lo que es verdadero, todo lo honesto, todo lo justo, todo lo puro, todo lo amable, todo lo que es de buen nombre; si hay virtud alguna, si algo digno de alabanza, en esto pensad."

Si renovamos nuestra mente y nuestros pensamientos cambian, también nuestra forma de hablar cambiará. Jesús dijo así en Mateo 12:34:

"¡Generación de víboras! ¿Cómo podéis hablar lo bueno, siendo malos? Porque de la abundancia del corazón habla la boca."

Así que si obedecemos al Señor de corazón (es decir, aún en nuestros pensamientos mas íntimos) ocurrirá también un cambio en nuestra forma de hablar. En otras palabras, hablaremos de una forma que agrade a Dios, con palabras buenas y limpias, no groseras. La Biblia dice esto en en Santiago 3:10:

"De una misma boca proceden bendición y maldición. Hermanos míos, esto no debe ser así."

Quizás usted pueda decir que es difícil cambiar nuestra forma de hablar. Si, es difícil, pero tenemos que hacer un esfuerzo por modificar nuestro vocabulario si queremos ser obedientes al Señor. Debemos recordar también que es el mismo Dios quien nos va a ayudar para que podamos cambiar. Al fin y al cabo, la Biblia no dice en vano

"Todo lo puedo en Cristo que me fortalece." Filipenses 4:13

Resumen:

Sabemos ya que una vez recibimos a Jesús como nuestro Salvador personal, venimos a ser hijos de Dios.

Recibir a Dios como nuestro Salvador personal no significa solamente reconocer que somos pecadores y que necesitamos salvación, es necesario también tener arrepentimiento para el perdon de nuestros pecados.

El tener arrepentimiento produce dolor por nuestros pecados y también el deseo de no seguir pecando. Dios, por lo tanto, va a producir un cambio en nuestras vidas a medida que vayamos leyendo la Biblia, obedeciéndola y dejando que ésta renueve nuestra forma de pensar. Este cambio en nuestras vidas incluye un cambio en nuestro comportamiento y en nuestra forma de hablar.

La Familia de Dios

Por haber recibido a Jesucristo como Salvador y Señor hemos llegado a ser hijos de Dios; pertenecemos a la familia de Dios. Dios es nuestro Padre.

Como cualquier padre, Dios quiere lo mejor para sus hijos. Es más, la Biblia nos dice en Mateo 7:11:

"Pues si vosotros, siendo malos, sabéis dar buenas dádivas a vuestros hijos, ¿cuánto más vuestro Padre que está en los cielos dará buenas cosas a los que le pidan?"

Es decir que Dios es más cariñoso y bondadoso que cualquier padre terrenal. Por tanto, nosotros en la familia de Dios no tenemos que preocuparnos por saber de donde vendrá nuestra provisión, ya que la palabra de Dios nos dice en Mateo 6:31-32

"No os afanéis, pues, diciendo: ¿Qué comeremos, o qué beberemos, o qué vestiremos? Porque los gentiles buscan todas estas cosas; pero vuestro Padre celestial sabe que tenéis necesidad de todas estas cosas."

Así que nosotros por ser hijos de Dios no tenemos que estar preocupados por saber de donde vendrá nuestra provisión. Dios es quien sabe cuales son nuestras necesidades y El proveerá lo que nos falta.

Hay muchos padres en la vida real que abandonan a sus hijos, pero nosotros, los miembros de la familia de Dios, no tenemos que preocuparnos porque Dios nos ha prometido lo siguiente en su Palabra:

"Sean vuestras costumbres sin avaricia, contentos con lo que tenéis ahora; porque él dijo: No te desampararé, ni te dejaré..." Hebreos 13:5

Qué hermoso es pensar que tenemos un Padre celestial que nos promete proveer para todas nuestras necesidades y estar siempre con nosotros. Qué hermoso es saber que le podemos decir a Dios "Padre" y El nos contesta "Dime, mi hijo/a".

En la familia de Dios nosotros no somos los únicos, tenemos también hermanos. Nuestros hermanos son todos los que han creído y recibido a Jesús como su Salvador personal.

Es importante notar que Dios también nos ha dado reglas en cuanto a nuestra relación con nuestros hermanos y hermanas. El nos dice en Juan 15:12:

"Este es mi mandamiento: Que os améis unos a otros, como yo os he amado."

En otras palabras, tenemos que amarnos los unos a los otros de la misma forma que El (Cristo) nos ha amado. Dios quiere que nos cuidemos mútuamente, que nos animemos los unos a los otros, que nos perdonemos las ofensas unos a otros y que compartamos entre todos las bendiciones materiales y espirituales.

Lo más importante en todo esto es que Dios tiene que ser primero en nuestras vidas como vemos en Mateo 6:33.

"Mas buscad primeramente el reino de Dios y su justicia, y todas estas cosas os serán añadidas."

Resumen:

Al creer venimos a formar parte de la familia de Dios. Los creyentes tenemos un mismo Padre. Por lo tanto, todos somos hermanos los unos de los otros. Dios quiere ser el primero en nuestras vidas, pero como somos hermanos, tenemos que amarnos de la misma forma que Cristo nos amó. Nuestro Padre se encarga de proveer todo lo que necesitemos y de protegernos en tiempos de peligro.

El Espíritu Santo

Juan 3:6 nos habla de un nuevo concepto, el nacer del Espiritu y dice así:

"Lo que es nacido de la carne, carne es; y lo que es nacido del Espíritu, espíritu es."

Nacer del Espiritu no es otra cosa que lo que nosotros mencionamos anteriormente, lo que llamamos el Nuevo Nacimiento. Sabemos que este nacimiento no es literal sino espiritual, y que al Nacer de Nuevo nos hacemos miembros de la familia de Dios. El verso anterior nos añade que este cambio en nuestro espíritu no es obra de hombre, es obra del Espíritu Santo.

¿Quién es el Espíritu Santo? El Espíritu Santo es parte de la Trinidad de Dios. Es imposible explicar con palabras el misterio de la Trinidad de Dios, pero es importante aclarar que sólo existe un Dios, y este Dios existe en tres Personas: El Padre, El Hijo y el Espíritu Santo. Así que el Espíritu Santo es la Tercera Persona de la Trinidad.

En Juan 14:15-21, al anunciar que iba a volver al cielo con su Padre, Jesús le dijo a los discípulos:

" Si me amáis, guardad mis mandamientos. Y yo rogaré al Padre, y os dará otro Consolador, para que esté con vosotros para siempre: el Espíritu de verdad, al cual el mundo no puede recibir, porque no le ve, ni le conoce;

pero vosotros le conocéis, porque mora con vosotros, y estará en vosotros. No os dejaré huérfanos; vendré a vosotros. Todavía un poco, y el mundo no me verá más; pero vosotros me veréis; porque yo vivo, vosotros también viviréis. En aquel día vosotros conoceréis que yo estoy en mi Padre, y vosotros en mí, y yo en vosotros. El que tiene mis mandamientos, y los guarda, ése es el que me ama; y el que me ama, será amado por mi Padre, y yo le amaré, y me manifestaré a él."

Hay varias cosas que podemos sacar de estos versos. En primer lugar vemos que el Espíritu Santo es quien vino a substituír a Jesús en el mundo.

"Y yo rogaré al Padre, y os dará otro Consolador, para que esté con vosotros para siempre..."

"No os dejaré huérfanos; vendré a vosotros."

En otras palabras, Jesús volvió a nosotros en la Persona del Espíritu Santo. De acuerdo al verso 16, el Espíritu Santo va a estar con nosotros para siempre. Nos podemos preguntar, ¿Por qué dice en el verso 17 "mora con vosotros, y estará en vosotros?"

El morará con nosotros para siempre, pero ¿cómo es posible que esté en nosotros? En este verso Jesús nos está anunciando el bautismo del Espíritu Santo del cual El les habló a los discípulos como vemos en Hechos 1:5,

"Porque Juan ciertamente bautizó con agua, mas vosotros seréis bautizados con el Espíritu Santo dentro de no muchos días."

Definitivamente el Espiritu Santo mora con nosotros desde el momento en que venimos a Cristo y El va a estar con nosotros para siempre.

La función del Espíritu Santo es multiple.

El nos hace miembros de la familia de Dios- Juan 3:6

"...lo que es nacido del Espíritu, espíritu es."

El nos consuela- Juan 14:16

"...Y yo rogaré al Padre, y os dará otro Consolador..."

Nos lleva a toda verdad- Juan 16:13

"Pero cuando venga el Espíritu de verdad, él os guiará a toda la verdad; porque no hablará por su propia cuenta, sino que hablará todo lo que oyere, y os hará saber las cosas que habrán de venir."

Hay otras funciones que tiene el Espíritu Santo en nuestras vidas, pero en Hechos 1:7 y 8, Jesús les explica a los discípulos la razón por la cual necesitan el bautismo del Espíritu Santo.

"Y les dijo: No os toca a vosotros saber los tiempos o las sazones, que el Padre puso en su sola potestad; pero recibiréis poder, cuando haya venido sobre vosotros el Espíritu Santo, y me seréis testigos en Jerusalén, en toda Judea, en Samaria, y hasta lo último de la tierra."

Los discípulos habían estado con Jesús, le habían visto hacer milagros, conocían sus enseñanzas. El había sido su maestro por tres años, sin embargo, todavía ellos no estaban listos para poder cumplir con la comisión que El les había dado.

"...id y haced discípulos a todas las naciones, bautizándolos en el nombre del Padre, y del Hijo, y del Espíritu Santo; enseñándoles que guarden todas las cosas que os he mandado; y he aquí yo estoy con vosotros todos los días, hasta el fin del mundo. Amén." Mateo 28:19-20

A pesar de todas las experiencias que habían tenido y la intimidad con Jesús, vemos a Judas entregarlo, a Pedro negarlo y a todos los discípulos correr cuando lo apresaron.

En Hechos 2:1-4, en el día de Pentecostés ocurrió algo inexplicable por medios humanos:

"fueron todos llenos del Espíritu Santo, y comenzaron a hablar en otras lenguas, según el Espíritu les daba que hablasen."

¿Cuál fué el resultado? Pedro, quien pocos días antes lo había negado,

"poniéndose en pie con los once, alzó la voz y les habló diciendo: Varones judíos, y todos los que habitáis en Jerusalén, esto os sea notorio, y oíd mis palabras."
Hechos 2:14

El resultado lo vemos en Hechos 2:38-42:

"Pedro les dijo: Arrepentíos, y bautícese cada uno de vosotros en el nombre de Jesucristo para perdón de los pecados; y recibiréis el don del Espíritu Santo. Porque para vosotros es la promesa, y para vuestros hijos, y para todos los que están lejos; para cuantos el Señor nuestro Dios llamare. Y con otras muchas palabras testificaba y les exhortaba, diciendo: Sed salvos de esta perversa generación. Así que, los que recibieron su palabra fueron bautizados; y se añadieron aquel día como tres mil personas. Y perseveraban en la doctrina de los apóstoles, en la comunión unos con otros, en el partimiento del pan y en las oraciones."

De haber negado a Jesús y haber huído, a pararse a predicar con tal denuedo que tres mil personas vinieran a Cristo, Pedro hizo algo que sólo pudo haber sido logrado por el Bautismo del Espíritu Santo.

Dios quiere que recibamos la llenura o el Bautismo del Espíritu Santo.

El Bautismo del Espíritu Santo:

Es una promesa de Dios para nosotros.

"Y estando juntos, les mandó que no se fueran de Jerusalén, sino que esperasen la promesa del Padre, la cual, les dijo, oísteis de mí. "Hechos 1:4

"Porque para vosotros es la promesa, y para vuestros hijos, y para todos los que están lejos; para cuantos el Señor nuestro Dios llamare. " Hechos 2:39

Es un mandato.

"...Y estando juntos, les mandó..." Hechos 1:4

"...mas bien sed llenos del Espíritu Santo...'Efesios 5:18

Es necesario para predicar.

"...pero recibiréis poder, cuando haya venido sobre vosotros el Espíritu Santo, y me seréis testigos en Jerusalén, en toda Judea, en Samaria, y hasta lo último de la tierra." Hechos 1:8

Aunque TODOS los hijos de Dios tienen el Espiritu Santo con ellos, no todos están LLENOS del Espíritu Santo.

Dios es el que bautiza con el Espíritu Santo. Obviamente, El no puede llenar nuestras vidas si todavía éstas están llenas de pecados y basura. Dios, a través de Su Palabra, nos santifica, nos limpia y nos prepara para recibirlo.

Resumen:

El Espíritu Santo es la tercera persona de la Trinidad de Dios. El vino enviado por el Padre a estar con nosotros y tomar el lugar de Jesús en el cuidado de nosotros. El Espíritu Santo tiene varias funciones. El es quien nos hace parte de la familia de Dios, El es quien nos consuela, El es quien nos recuerda las palabras de Jesús y nos lleva a toda verdad. Desde el momento en que recibimos a Cristo, el Espíritu Santo viene a estar con nosotros para siempre.

Cuando venimos a Cristo recibimos el Espíritu Santo, eso es parte de nuestra salvación, pero el hecho de que el Espíritu Santo esté con nosotros no significa que hemos recibido el Bautismo del Espíritu Santo.

El tener el Bautismo del Espíritu Santo no es requisito para la salvación, pero es indispensable para adquirir poder (fuerza), valor y denuedo para testificar.

Cómo Leer la Biblia

Toda persona necesita alimentarse para poder sobrevivir. De la misma forma, el alma necesita alimentarse para poder sobrevivir. La Biblia nos enseña lo siguient en Mateo 4:4

"Escrito está: No sólo de pan vivirá el hombre, sino de toda palabra que sale de la boca de Dios."

Este versículo nos habla de dos alimentos, el pan y la Palabra de Dios. El pan es el alimento para el cuerpo y la Palabra de Dios es el alimento para el alma y el espíritu.

Un bebé que acaba de nacer necesita alimentarse diariamente para poder crecer. El que Nace de Nuevo en la familia de Dios también necesita alimentarse diariamente para poder crecer. Este alimento es la Palabra de Dios.

"La Palabra de Dios" es un nombre dado a la Biblia. Entendemos que para crecer espiritualmente es necesario leer diariamente la Biblia.

Resumen:

Muchas personas piensan que la Biblia es muy complicada y que necesitan un experto o un maestro para entenderla. Yo quisiera hacer una pregunta. Si usted escribe algo y se lo da a leer a alguien que no entiende lo que usted escribió, ¿quién mejor que usted para aclarar cualquier duda?

De la misma forma, antes de leer la Biblia debemos orar y pedirle al Espíritu Santo de Dios que nos ayude y guíe en su lectura. Encontrará que cada vez que lee la Biblia va a encontrar cosas que le tocan el corazón, estas cosas son el alimento espiritual que el Espiritu Santo tiene para usted, por tanto, subraye estas palabras, ore y aplíquelas en su vida.

Cómo Orar

Orar no es otra cosa que conversar con Dios. El es nuestro Padre y quiere que nosotros le hablemos; y, por supuesto, cuando le hablamos, El nos contesta. Hay varias formas en las que El nos contesta. Nos puede contestar diciendo "Si" a lo que pedimos. Nos puede contestar diciendo "No", o nos puede contestar diciendo "Espera". De todas formas, siempre nos contesta.

Como todo Padre, El espera de nosotros amor, respeto, confianza y obediencia. Una cosa segura es que Dios nunca contradice Su Palabra. La Biblia en Mateo 24:35, Marcos 13:31 y Lucas 21:33 nos dice claramente:

"El cielo y la tierra pasarán, pero mis palabras no pasarán."

Cuando oramos, podemos hablar con Dios con confianza y libertad; recuerde, somos sus hijos. Lo bueno de Dios es que El está en todo lugar así que no tenemos que viajar a ningún lado ni hacer cita para hablar con El. Es más, la Biblia nos dice en 1 Tesalonicenses 5:17 "Orad sin cesar". Esto no indica que tenemos que estar todo el día de rodillas orando, indica que debemos aprovechar cualquier momento y compartir con el Señor nuestros pensamientos, preocupaciones, alegrías y penas.

Aunque podemos orar en cualquier momento del día, es importante también apartar un tiempo especial para orar y buscar de El. En ese tiempo especial, debemos de olvidarnos de todo lo que nos rodea y poner toda nuestra atencion en El.

Dios nos ha dado salvación y diariamente recibimos cosas buenas de El. Por tanto, en ese momento especial con Dios debemos de darle alabanza y demostrarle nuestro agradecimiento. Debemos darle alabanza por lo que El es, por su grandeza, amor y fidelidad y expresarle agradecimiento por todo lo que El nos ha dado.

La Biblia nos dice de esta manera en Hebreos 13:15:

"Así que, ofrezcamos siempre a Dios, por medio de él, sacrificio de alabanza, es decir, fruto de labios que confiesan su nombre."

Otra cosa que podemos hacer en nuestras oraciones es pedir. A Dios no le molesta que le pidamos. En Mateo 7:11 la Biblia nos dice que El "dará buenas cosas a los que le pidan". Debemos pedir no sólo por nosotros y nuestras familias, debemos pedir también por las necesidades de otras personas.

Quiero señalar que muchas veces nos concentramos en pedir sin darle a Dios nada. Considero que si amamos a Dios debemos dedicar tiempo dándole alabanza y adoración.

Hay otra clase de oración la cual le agrada a Dios. Es la oración en la cual le confesamos nuestras faltas y le pedimos perdón por ellas. La Biblia bien nos dice en 1 Juan 1:9

"Si confesamos nuestros pecados, él es fiel y justo para perdonar nuestros pecados, y limpiarnos de toda maldad."

Resumen:

Orar es hablar o conversar con Dios. Debemos orar sin cesar, y dedicar un tiempo especial para estar con Dios y leer su Palabra.

Hay por lo menos tres tipos de oración: la oración de alabanza, la de petición y la de confesión.

Cuando le pedimos a Dios, debemos de pedir por nosotros y por otras personas.

La Guerra Espiritual

Así como Dios es la fuente de todo bien en este mundo, Satanás es la fuente de todo mal. Jesús dijo dos cosas acerca de Satanás en Juan 8:44

"El ha sido homicida desde el principio, y no ha permanecido en la verdad, porque no hay verdad en él. Cuando habla mentira, de suyo habla; porque es mentiroso, y padre de mentira."

Jesús dice que Satanás es un homicida y un mentiroso.

Consideremos primero el hecho de que el diablo es un homicida. ¿Qué es un homicida? Es uno que quita la vida de alguien inocente.

En el huerto del Edén, Satanás tentó a Adán y a Eva, y les quitó su vida espiritual, es decir, su comunión con Dios. En ese momento actuó como homicida.

Al creer en Cristo, nosotros hemos recibido una nueva vida espiritual de parte de Dios. Por ser miembros de la familia de Dios, tenemos comunión con Dios y una relación especial con El. Por supuesto, Satanás no está contento con esto y quiere por todos los medios matarnos espiritualmente, o por lo menos, apagar esa relación que tenemos con Dios. De la única forma que nos puede hacer perder esa comunión con Dios es si estamos en pecado. Por lo tanto, Satanás va a tratar de tentarnos a hacer lo malo o cualquier cosa que no sea la voluntad de Dios. El sabe bien que una vez pecamos, nos alejamos de la presencia de Dios y esa comunión que tenemos con Dios disminuye.

La ventaja es que hay solución si fallamos. Tenemos una promesa en Juan 1:9:

"Si confesamos nuestros pecados, él es fiel y justo para perdonar nuestros pecados, y limpiarnos de toda maldad."

En otras palabras, si pecamos y perdemos esa comunión con Dios, esa comunión puede ser restaurada en el mismo instante en que confesemos el pecado al Señor y le pidamos perdón.

Confesar nuestros pecados al Señor significa lo siguiente: reconocer que hemos fallado, arrepentirnos y tener el deseo de no fallar más.

Algunos dicen "todos pecamos diariamente". Esto no debe ser así. Estas personas utilizan esa excusa para hacer lo que quieren y no obedecer la Biblia. La Biblia nos dice algo diferente en el libro de Gálatas.

El verso 1 de la "Traducción en lenguaje actual" nos dice:

"¡Jesucristo nos ha hecho libres! ¡El nos ha hecho libres de verdad! Así que no abandonen esa libertad, ni vuelvan nunca a ser esclavos de la ley."

El verso 16 añade esto:

"Por eso les digo: Obedezcan al Espíritu de Dios y así no desearán hacer lo malo."

Por ultimo, la Biblia nos dice esto en Santiago 4:7-8:

"Por eso, obedezcan a Dios. Háganle frente al diablo, y él huirá de ustedes. Háganse amigos de Dios, y él se hará amigo de ustedes. ¡Pecadores, dejen de hacer el mal! Los que quieren amar a Dios, pero también quieren pecar, deben tomar una decisión: o Dios, o el mundo de pecado."

El decir que tenemos que pecar diariamente es una mentira del diablo para mantenernos atados y separados de Dios. Si Satanás es el padre de mentira, no le creas. Sigue lo que dice la Biblia, sométete a Dios, resiste al diablo y él vá a tener que huír. Tiene que huír porque dice también la Biblia en Juan 4:14:

"Porque mayor es el que está en vosotros, que el que está en el mundo."

Muy bien dice San Pablo en Colosenses 2:15, refiriéndose a Cristo:

"y (Cristo) despojando a los principados y a las potestades, los exhibió públicamente, triunfando sobre ellos en la cruz."

43

Ya que Cristo en la cruz del Calvario venció a Satanás, usted puede tener la plena confianza de que cuando usted resiste a Satanás, él huirá de usted. Recuerde, sin embargo, que es necesario primero someterse a Dios, quien entonces, le dará la victoria.

Resumen:

Satanás es un homicida y el "padre de mentira". El quiere que muramos espiritualmente y que nos apartemos de Dios. Al apartarnos de Dios perdemos la comunión que adquirimos al ser hechos hijos de Dios.

Satanás no puede irse en contra de nuestro libre albedrío, por tanto, él nos tienta constantemente con sus mentiras. Si pecamos, él con más mentiras nos va a tratar de hacer pensar que no tenemos remedio. Recuerde que Dios nos dice en 1 Juan 1:9

"Si confesamos nuestros pecados, él es fiel y justo para perdonar nuestros pecados, y limpiarnos de toda maldad."

No tenemos que pecar, pero si pecamos, podemos arrepentirnos y Dios nos perdona. Consciente de nuestras debilidades, Dios nos dá una protección y nos dice en en Santiago 4:7-8:

"Por eso, obedezcan a Dios. Háganle frente al diablo, y él huirá de ustedes. Háganse amigos de Dios, y él se hará amigo de ustedes. ¡Pecadores, dejen de hacer el mal! Los que quieren amar a Dios, pero también quieren pecar, deben tomar una decision: o Dios, o el mundo."

La clave está en obedecer a Dios y resistir la tentación. Si lo hacemos, el diablo no puede hacer nada en contra de nosotros y tendrá que huir.

Cristo en la cruz del Calvario venció a Satanás. Por eso, podemos tener la plena confianza de que cuando lo resistimos, Satanás tiene que huir de nosotros.

La Vieja Naturaleza

Aunque hemos nacido de nuevo, siempre mantenemos las tendencias que teníamos antes de haber aceptado a Cristo como nuestro Salvador y Señor. Esto es lo que podemos llamar "La Vieja Naturaleza" la cual recibimos de nuestros padres humanos al nacer en este mundo.

Cuando creímos en Cristo y le recibimos, Nacimos de Nuevo como hijos de Dios y recibimos una "Nueva Naturaleza".

Pablo, en Efesios 4:22, nos dice lo siguiente en referencia a nuestra vieja naturaleza:

"En cuanto a la pasada manera de vivir, despojaos del viejo hombre, que está viciado conforme a los deseos engañosos..."

Según este verso, nuestra "naturaleza vieja" es mala y siempre tiene la tendencia de pecar. La "nueva naturaleza", por el contrario, quiere agradar a Dios. Como ambas naturalezas se oponen entre sí, además de tener que luchar en contra de las tentaciones del diablo, tenemos que luchar en contra de nuestra vieja naturaleza. Lo bueno es que cuando "nacemos de nuevo" obtenemos la " Naturaleza de Cristo" quien por Su Espíritu Santo nos da la fuerza para triunfar.

Cuando seamos tentados a pecar, cuando venga la tentación y la "vieja naturaleza" trate de manifestarse, acordémonos de lo que dijo el Apóstol Pablo en Gálatas 2:20:

"Con Cristo estoy juntamente crucificado, y ya no vivo yo, mas vive Cristo en mí; y lo que ahora vivo en la carne, lo vivo en la fe del Hijo de Dios, el cual me amó y se entregó a sí mismo por mí."

Resumen:

La "vieja naturaleza" quiere que pequemos y desagrademos a Dios, la "nueva" quiere agradarlo. Si nos despojamos del viejo hombre, nos sometemos a Dios y resistimos al Diablo, entonces, no sólo vamos a agradar a Dios, vamos a obtener la victoria.

Nuestro Tercer Enemigo, El Mundo

"Yo les he dado tu palabra; y el mundo los aborreció, porque no son del mundo, como tampoco yo soy del mundo."
Juan 17:14

Aquí la palabra "mundo" se refiere a lo que está en contra de Dios. Cuando Cristo dijo que no somos del mundo, se estaba refiriendo al hecho de que el mundo está dominado por otra fuerza ajena a la familia de Dios. 1 Juan 5:19 nos dice lo siguiente:

"Sabemos que somos de Dios, y el mundo entero está bajo el maligno."

El maligno (el diablo) domina en este mundo, es por eso que la Biblia nos dice en 1 Juan 2:15:

"No améis al mundo, ni las cosas que están en el mundo. Si alguno ama al mundo, el amor del Padre no está en él."

Los que no han recibido a Cristo como su Salvador personal, no han sido hechos hijos de Dios, por tanto están sujetos al dominio de Satanás y sujetos a las actitudes y manera de vivir de este mundo. Es por eso que de seguro algunos nos criticarán y nos perseguirán por nuestra fé en Jesús. Lo triste es que inclusive recibiremos crítica y persecución aún de nuestros propios familiares.

La persecución en contra nuestra puede ser por medio de palabras y/o acciones aparentemente triviales, no tiene que ser por cosas mayores como encarcelarnos o matarnos.

Juan 15:18 nos consuela asi:

"Si el mundo os aborrece, sabed que a mí me ha aborrecido antes que a vosotros."

Mateo 5:10 añade esto:

"Bienaventurados los que padecen persecución por causa de la justicia, porque de ellos es el reino de los cielos."

No deje que la persecución o la critica le atormente. Acuérdese de lo que dice Filipenses 3:20:

"Mas nuestra ciudadanía está en los cielos, de donde también esperamos al Salvador, al Señor Jesucristo..."

Aunque vivimos todavía en este mundo, no debemos verlo como nuestro hogar permanente. Nuestro hogar permanente está en los cielos.

¿Qué entonces de las personas que no conocen a Dios y que están a la merced del diablo? A pesar de su enemistad para con Dios, El los ama y quiere traerlos a El. Juan 3:16 bien dice:

"Porque de tal manera amó Dios al mundo, que ha dado a su Hijo unigénito, para que todo aquel que en él cree, no se pierda, mas tenga vida eterna."

Si Dios los ama y quiere librarlos del poder del mundo y Satanás, nosotros debemos demostrar el amor de Dios al mundo en lo que hacemos y decimos. Debemos comenzar por cambiar la forma en la cual nos comportamos con nuestra familia.

Si estamos casados, tenemos que amar a nuestros cónyuges como a nosotros mismos. Si somos padres, debemos criar a nuestros hijos en la disciplina y amonestación del Señor y no provocarlos a ira. Si somos hijos o hijas, debemos obedecer en el Señor a nuestros padres.

Si tenemos trabajo debemos de trabajar con sencillez de corazón, sirviendo de buena voluntad como si estuvieramos trabajando para Cristo y no para los hombres.

Si somos patronos tratemos a nuestros empleados con justicia, con paciencia, de la misma forma que nos gustaría que él nos tratara.

Lea Efesios 5 y 6.

En otras palabras, en nuestro hogar, en nuestros trabajos, en el lugar donde estudiamos, en fín, en todas partes, nuestro deber al mundo es demostrar el amor de Dios por nuestras palabras y acciones. Esto debemos hacerlo, aún cuando del mundo recibamos persecución.

Resumen:

El diablo, la vieja naturaleza y el mundo son nuestros tres enemigos. Este mundo no es nuestro hogar, el cielo es nuestro hogar. Aquí en esta tierra experimentaremos persecución, quizás aún de nuestras propias familias. Sin embargo, no importa como nos traten, tenemos que demostrarles a ellos el amor de Dios por nuestras acciones y palabras.

Cómo Llevar el Mensaje a Otros

Juan 3:16 nos dice:

"Porque de tal manera amó Dios al mundo, que ha dado a su Hijo unigénito, para que todo aquel que en él cree, no se pierda, mas tenga vida eterna."

El hecho de que Cristo murió en el Calvario para que nosotros tuviéramos vida eterna es algo maravilloso. Nos amó, nos perdonó, nos dió salvación, nos hizo hijos de Dios, miembros de su familia y envió el Espíritu Santo para que estuviera con nosotros para siempre. ¿Qué es lo que El nos pide a cambio? El nos pide que compartamos su amor con el mundo para que también el mundo pueda tener la oportunidad que nosotros hemos tenido.

La "Gran Comisión", el mandato de Dios para todos los creyentes, se encuentra en Marcos 16:15 y en Mateo 28:19. ¿Cuál es el mandato? El Señor nos pide que le hablemos a otros de Cristo para que otros también puedan ser salvos.

El mensaje es sencillo:

1. El pecado nos separa de Dios y nos impide ir al cielo

2. Dios, a pesar del pecado de la humanidad, nos amó de tal manera que vino a morir en la cruz como sacrificio por nuestros pecados.

3. Todo el que cree y recibe a Cristo como su Salvador se hace miembro de la familia de Dios, sus pecados son perdonados y es una criatura nueva ("Nuevo Nacimiento").

4. Una vez somos hechos miembros de la familia de Dios, Dios nos manda a compartir con otros el mensaje de salvación.

En el mundo en que vivimos hay tanta ignorancia de la Biblia y tantos que dicen "tener la verdad", que necesitamos entender que cuando le hablamos a otros de Cristo, no podemos ponernos a debatir sobre puntos doctrinales ya que quizás no tenemos los conocimientos necesarios para hacerlo. Nadie, sin embargo, puede debatir lo que Dios ha hecho en usted. Nadie puede convencerlo de que algo que usted ha experimentado no ha ocurrido. Usted lo sabe, y en realidad pasó. Es por eso que nuestro comportamiento y nuestra forma de hablar y tratar a otros, tienen tanta importancia en la propagación del Evangelio.

Resumen:

Una vez venimos a Cristo tenemos la responsabilidad de predicar el Evangelio. Muchas personas piensan que predicar de Cristo es conocer mucha Biblia y repetirla a todos los que se encuentren frente a nosotros. Hay un problema serio en nuestros días, ese problema es la incredulidad. Hoy día por la ignorancia de muchos cristianos, se ha perdido la credibilidad de la Biblia y el respeto a la Palabra de Dios. Es por eso que tenemos que demostrar con nuestras vidas el cambio que Dios ha hecho en nosotros. Vivamos el evangelio, de esa forma el mundo conocerá que Dios nos ha enviado.

El Bautismo

"Por tanto, id, y haced discípulos a todas las naciones, bautizándolos en el nombre del Padre, y del Hijo, y del Espíritu Santo" Mateo 28:19

El mandato de Jesús a los discípulos fue doble. Primero, id a todas las naciones y haced discipulos, y segundo, bautizar a esos discípulos en el nombre del Padre, del Hijo, y del Espíritu Santo.

Quiero señalar que el bautismo no es lo que perdona nuestros pecados, Cristo es quien perdona nuestros pecados. La Biblia nos enseña esta verdad en Hechos 10:43 refiriéndose a Cristo:

"De éste dan testimonio todos los profetas, que todos los que en él creyeren, recibirán perdón de pecados por su nombre."

Todo el que creyere en Cristo recibirá perdón de sus pecados por su nombre. Entonces, ¿qué es el bautismo y cuál es su importancia?

El bautismo es una señal visible de la limpieza que Dios nos da. Representa la muerte y sepultura de nuestra vieja naturaleza cuando somos sumergidos y el nuevo nacimiento y la nueva vida en Cristo cuando salimos de las aguas.

Resumen:

El bautismo es un mandamiento de Dios, no es requisito para nuestra salvación pero es una señal visible de la limpieza que Dios nos da. Representa la muerte y sepultura de nuestra vieja naturaleza (cuando somos sumergidos) y el "nuevo nacimiento" y la nueva vida en Cristo cuando salimos de las aguas.

La Santa Cena

"Porque yo recibí del Señor lo que también os he enseñado:
Que el Señor Jesús, la noche que fue entregado, tomó pan;
y habiendo dado gracias, lo partió, y dijo: Tomad, comed;
esto es mi cuerpo que por vosotros es partido; haced esto
en memoria de mí. Asimismo tomó también la copa,
después de haber cenado, diciendo: Esta copa es el nuevo
pacto en mi sangre; haced esto todas las veces que la
bebiereis, en memoria de mí. Así, pues, todas las veces
que comiereis este pan, y bebiereis esta copa, la muerte del
Señor anunciáis hasta que él venga." 1 Corintios 11:23-26

Este relato bíiblico nos habla de la Santa Cena y nos dice que fue instituida por Cristo en su última noche, la noche en que fué traicionado, es decir, la noche antes de su muerte.

El Señor Jesús nos dice del pan, "… esto es mi cuerpo que por vosotros es partido", y con referencia a la copa, "… Esta copa es el nuevo pacto en mi sangre". En estos dos versos El está haciendo referencia a su muerte en la cruz, donde su cuerpo fue partido y su sangre derramada por nosotros. Termina diciendo en ambos versos "…haced esto en memoria de mí."

Resumen:

Nuevamente, según el bautismo es una forma visible de nuestra muerte a la vieja criatura y nuestro nuevo nacimiento, la Santa Cena es una forma visible de recordar su muerte en el Calvario y de anunciar su segunda venida.

Dios quiere que nuestra fe sea fortalecida. Es por eso que a través de dos cosas visibles, el Bautismo y la Santa Cena, podemos ver, sentir y palpar el sacrificio que El hizo por nosotros y nuestro nuevo nacimiento.

El Cuerpo de Cristo

Efesios 5:23 nos dice lo siguiente

*"Cristo es cabeza de la iglesia, la cual es su cuerpo,
y él es su Salvador."*

Como explicamos anteriormente, todas las personas que hemos aceptado a Cristo como nuestro Salvador y Señor, pasamos a ser miembros de la familia de Dios. Esto es lo mismo que decir somos parte del cuerpo de Cristo. Como somos tantos en la familia de Dios, no podemos reunirnos en un solo lugar, por tanto nos reunimos en diferentes congregaciones individuales. En este verso la palabra "iglesia" no significa el edificio donde nos reunimos sino nosotros mismos, los creyentes en el Señor Jesucristo.

Nuestro cuerpo tiene muchas partes: por ejemplo, los ojos, las manos, etc. Cada parte del cuerpo tiene una función o trabajo diferente pero todas son parte de un cuerpo. De la misma forma, todas las partes del cuerpo de Cristo tienen diferentes funciones en el servicio de Dios y de otros.

La Biblia dice en Romanos 12:5-6 lo siguiente:

"Así nosotros, siendo muchos, somos un cuerpo en Cristo, y todos miembros los unos de los otros. 6 De manera que, teniendo diferentes dones (capacidades o talentos), según la gracia que nos es dada,...úsese conforme a la medida de fé..."

Algunos tienen la capacidad para enseñar, otros para consolar, otros para ayudar, etc. y cada uno tiene que ejercitar su capacidad (El que tiene capacidad para enseñar, enseñe; para animar, anime). Efesios 4:7 nos explica esto:

"Pero a cada uno de nosotros fué dada la gracia conforme a la medida del don de Cristo."

En el servicio de Cristo, nadie deber pensar que no tiene valor. Tampoco se debe pensar que una persona reune en ella todas las capacidades y por ello despreciar a otros hermanos. Debemos acordarnos de lo que nos enseña la Biblia en 1 Corintios 12:18-27:

"Mas ahora Dios ha colocado los miembros cada uno de ellos en el cuerpo, como él quiso. Porque si todos fueran un solo miembro, ¿dónde estaría el cuerpo? Pero ahora son muchos los miembros, pero el cuerpo es uno solo. Ni el ojo puede decir a la mano: No te necesito, ni tampoco la cabeza a los pies: No tengo necesidad de vosotros. Antes bien los miembros del cuerpo que parecen más débiles, son los más necesarios; y a aquellos del cuerpo que nos parecen menos dignos, a éstos vestimos más dignamente; y los que en nosotros son menos decorosos, se tratan con más decoro. Porque los que en nosotros son más decorosos, no tienen necesidad; pero Dios ordenó el cuerpo, dando más abundante honor al que le faltaba, para que no haya desavenencia en el cuerpo, sino que los miembros todos se preocupen los unos por los otros. De manera que si un miembro padece, todos los miembros se duelen con él, y si un miembro recibe honra, todos los miembros con él se gozan.

Vosotros, pues, sois el cuerpo de Cristo, y miembros cada uno en particular."

Resumen:

Cada miembro del cuerpo tiene algo que contribuir a los demás; es por eso que todos debemos reconocer que nos necesitamos los unos a los otros y que Dios así lo diseñó.

Por eso, debemos estar juntos cuantas veces podamos y tratarnos el uno al otro como parte de nosotros mismos.

Miembros de la Iglesia Local

Al aceptar a Jesucristo como nuestro Salvador y Señor, pasamos a ser miembros de la familia de Dios. A esto también se le llama ser parte del cuerpo de Cristo. Es interesante pensar que todos los hijos de Dios de todas las partes del mundo constituyen el cuerpo de Cristo.

Siendo el mundo tan grande, no todos podemos reunirnos en un mismo lugar. Es por eso que los creyentes tenemos las iglesias locales en las cuales nos reunimos para adorar, compartir testimonios y aprender de la Biblia. La Biblia nos exhorta así en Hebreos 10:23-25:

"Mantengamos firme, sin fluctuar, la profesión de nuestra esperanza, porque fiel es el que prometió. Y considerémonos unos a otros para estimularnos al amor y a las buenas obras; no dejando de congregarnos, como algunos tienen por costumbre, sino exhortándonos; y tanto más, cuanto veis que aquel día se acerca."

Todos necesitamos los beneficios de asistir a una iglesia local, pero también debemos saber cuales son las responsabilidades de un miembro de una iglesia local.

Las responsabilidades que debemos tener en una iglesia local incluyen lo que vimos en los versos anteriores: debemos asistir y participar en las reuniones de la congregación. Algunos ejemplos de reuniones son la escuela dominical, los servicios del domingo y de la semana, las reuniones de grupos, confraternidades y vigilias.

La fuerza espiritual depende en gran medida de la asistencia y participación de los hermanos en las reuniones de la iglesia. Satanás sabe esto muy bien, y hará cualquier cosa para impedir que usted vaya a una reunion; pero hermano/hermana, no se afloje, no se deje engañar. Su primera responsabilidad como miembro de la iglesia local es la asistencia y participación en las reuniones.

Su segunda responsabilidad es orar por la iglesia y por los hermanos. 1 Tesalonicenses 5:17 nos dice que debemos:

"Orad sin Cesar"

Satanás está continuamente atacando a los hermanos, a los pastores y a las congregaciones en general. La iglesia, en su lucha contra Satanás, tiene una responsabilidad enorme. Es por eso que otra de nuestras responsabilidades como miembros es orar diariamente por la iglesia y por los hermanos.

La tercera responsabilidad de los miembros es dar apoyo material a la iglesia. Dar apoyo material significa dar de nuestro dinero y de nuestros bienes a la iglesia.

Hay dos cosas que Dios nos dice que tenemos que dar para el sustento de la iglesia local. Estos son los diezmos y las ofrendas. Malaquias nos habla de esto cuando en el capítulo 3:8 nos dice así:

"¿Robará el hombre a Dios? Pues vosotros me habéis robado. Y dijisteis: ¿En qué te hemos robado? En vuestros diezmos y ofrendas."

El diezmo es la décima parte de las ganancias. Esto es el mínimo que Dios pide que se le dé. Las ofrendas son lo que damos además de los diezmos. Hay muchas personas que dicen que el diezmo es algo que es de la ley en el Viejo Testamento y que no se aplica para hoy, sin embargo vemos en la Biblia que Abraham antes de la ley dio a Melquisedec el diezmo de todo, y en el Nuevo Testamento, Jesús, en Mateo 23:23 lo reafirma.

"¡¡Ay de vosotros, escribas y fariseos, hipócritas! porque diezmáis la menta y el eneldo y el comino, y dejáis lo más importante de la ley: la justicia, la misericordia y la fe. Esto era necesario hacer, sin dejar de hacer aquello."

Si toda la Biblia es inspirada por Dios, entonces debemos obedecer lo que dice.

¿Por qué pide Dios el diezmo? Lo hace porque quiere bendecirnos. Leamos lo que continúa diciendo en Malaquías 3:9-11

" Malditos sois con maldición, porque vosotros, la nación toda, me habéis robado. Traed todos los diezmos al alfolí y haya alimento en mi casa; y probadme ahora en esto, dice Jehová de los ejércitos, si no os abriré las ventanas de los cielos, y derramaré sobre vosotros bendición hasta que sobreabunde.Reprenderé también por vosotros al devorador, y no os destruirá el fruto de la tierra, ni vuestra vid en el campo será estéril, dice Jehová de los ejércitos."

Este es el único mandamiento en el cual el Señor nos dice "¡Pruébenme!". En este mandato el Señor requiere nuestra fé y nuestra obediencia -- nuestra obediencia porque requiere que lo demos, nuestra fé pues nos promete bendiciones en retorno.

Dar apoyo material a la iglesia no es sólo dar dinero. Es contribuír con nuestros talentos y oficios para ayudar a la obra de la iglesia.

Hermanos, hoy día las finanzas son necesarias para todo. Para que la iglesia pueda operar eficientemente necesita tener finanzas. Dios puede proveer por cualquier medio, pero quiere bendecirnos. Por tanto nos pide que seamos nosotros los que contribuyamos. Dé para que pueda recibir bendición, pruebe a Dios. Verá que El siempre cumple lo que promete.

Resumen:

El Cuerpo de Cristo está compuesto de todos los creyentes en Cristo a través de todo el mundo. Como es imposible reunirnos todos en un mismo lugar, Dios ha establecido congregaciones locales en donde podemos adorar, compartir testimonios y aprender de la Biblia.

Cada miembro de una iglesia local tiene por lo menos tres responsabilidades para con su congregación local. Estas son las siguientes:

1. Asistir y participar de las actividades y servicios de su iglesia local.

2. Orar por su iglesia local y por los hermanos.

3. Contribuír con su apoyo físico y material, el apoyo físico es contribuír con nuestro tiempo y el material con los diezmos y ofrendas.

Administradores de los bienes de Dios

La Biblia nos dice en 1 Cronicas 29:11-14

"Tuya es, oh Jehová, la magnificencia y el poder, la gloria, la victoria y el honor; porque todas las cosas que están en los cielos y en la tierra son tuyas. Tuyo, oh Jehová, es el reino, y tú eres excelso sobre todos. 12 Las riquezas y la gloria proceden de ti, y tú dominas sobre todo; en tu mano está la fuerza y el poder, y en tu mano el hacer grande y el dar poder a todos. 13 Ahora pues, Dios nuestro, nosotros alabamos y loamos tu glorioso nombre. 14 Porque ¿quién soy yo, y quién es mi pueblo, para que pudiésemos ofrecer voluntariamente cosas semejantes? Pues todo es tuyo, y de lo recibido de tu mano te damos."

Si todo le pertenece a Dios, nada nos pertenece a nosotros. Todo lo que tenemos le pertenece a Dios. El nos considera los administradores de todos sus bienes. Dios nos ha dado bienes materiales, dinero, tiempo, capacidades (talentos), etc. y todo nos lo ha dado para que lo administremos y lo usemos para Su Gloria.

Si lo miramos de esa forma, entonces nuestro salario y nuestros bienes le pertenecen al Señor. Lo único que Dios requiere de nosotros es que le demos la décima parte para su obra y disfrutemos el 90% restante. Si somos obedientes y confiamos en El, El nos promete bendiciones hasta que sobreabunden.

Aparte de los diezmos están las ofrendas, esto es algo que debemos dar además de los diezmos. Ahora, Dios no nos requiere ninguna cantidad de ofrendas específica. Pablo en 1 Corintios 16:2 bien nos dice con respecto a las ofrendas:

"Cada primer día de la semana cada uno de vosotros ponga aparte algo, según haya prosperado..."

Según este versiculo, debemos apartar una ofrenda según hayamos sido prosperados. ¿Para qué son las ofrendas? Hay varias ocasiones en que la Biblia nos habla de recoger ofrendas para propósitos específicos.

1. Para los pobres- Romanos 15:26

"...tuvieron a bien hacer una ofrenda para los pobres que hay entre los santos que están en Jerusalén."

2. Para los pastores- Galatas 6:6

"El que es enseñado en la palabra, haga partícipe de toda cosa buena al que lo instruye."

3. En realidad, debemos dar para todo lo que sea necesario en la iglesia. Pero, al dar para lo que sea, tenemos que recordar que lo que tenemos no es nuestro, sino del Señor. Lo más importante es que demos en amor.

"Cada uno dé como propuso en su corazón: no con tristeza, ni por necesidad, porque Dios ama al dador alegre."
2 Corintios 9:7

En Filipenses 4:19 Pablo le escribe a los hermanos de Filipos que le habían enviado una ofrenda:

"Mi Dios, pues, suplirá todo lo que os falta conforme a sus riquezas en Gloria en Cristo Jesús."

Existe un refrán: "La unión hace la fuerza". Imagínese todas las obras que nuestra iglesia podría hacer si todos los miembros diezmaran y ofrendaran como lo dice la Biblia.

La Biblia también nos habla de nuestro tiempo. Es más, nos dice en Efesios 5:16 que debemos aprovechar bien el tiempo. Entonces no es solamente de nuestros bienes materiales que tenemos que aportar, tenemos también que aportar de nuestro tiempo. Eso no significa pasar todo el día leyendo la Biblia y orando, sino hacer lo que esté a nuestro alcance para el servicio al Señor.

Resumen:

Todo lo que tenemos le pertenece al Señor y no a nosotros. Nosotros solamente somos los administradores de Dios. Como buenos administradores tenemos que trabajar y dar fruto para el Señor. Dios nos permite disfrutar de todo lo que El ha puesto en nuestras manos, pero exije de nosotros los diezmos y las ofrendas. Los diezmos son la décima parte de lo que tenemos y las ofrendas son algo adicional, según El nos vaya prosperando.

1. Las ofrendas son para los pobres- Romanos 15:26

2. Para los pastores- Galatas 6:6

3. Para todo lo que sea necesario en la iglesia. Al dar, debemos recordar que lo que tenemos no es nuestro sino del Señor y debemos dar con gozo y en amor.

Guiados por Dios

Todos los días nos enfrentamos con decisiones que tenemos que tomar. Es posible que no sepamos que hacer en algún momento. ¿Qué acción debemos tomar entonces? Debemos pedirle dirección al Señor. El Salmo 32:8 nos anima con estas palabras:

"Te haré entender, y te enseñaré el camino en que debes andar; Sobre ti fijaré mis ojos."

Estas palabras son una hermosa promesa de Dios para cada uno de nosotros. En cada decisión que tenemos que hacer, Dios quiere que estemos seguros de que El nos guiará por el camino correcto.

Dios nos guía de diferentes formas:
1. Por la Biblia (la Palabra de Dios)
    a. Directamente por su Palabra- por ejemplo, un mandamiento.
    b. Por sus enseñanzas - Dios no contradice Su Palabra, por tanto nada que esté contrario a las enseñanzas de la Biblia viene de Dios.

2. Por el consejo de otros creyentes- Especialmente el consejo de otros que tengan más experiencia que nosotros en algo.

3. Al sentir la paz de Dios- la Biblia nos dice en Colosenses 3:15

"Y la paz de Dios gobierne en vuestros corazones..."

Aquí la palabra "gobierne" quiere decir "que actúe como guía o árbitro". En otras palabras, si no tenemos la paz de Dios en nuestros corazones, es muy probable que Dios nos esté mostrando que algo no es su voluntad.

4. Por las circumstancias que nos rodean- Dios muchas veces nos guía por las circumstancias, es decir, si las cosas se ven bien o se ven mal. Cuando Dios quiere hacer algo con una persona, siempre provee lo necesario para cumplir su propósito.

Si todas las circumstancias indican que algo no es correcto y todas las puertas se cierran, es indicativo de que no es de Dios.

Es muy importante buscar la voluntad de Dios porque el enemigo desea engañarnos trayendo confusión.

"Amados, no creáis a todo espíritu, sino probad los espíritus si son de Dios; porque muchos falsos profetas han salido por el mundo."

Sin embargo, podemos confiar plenamente en que Dios nos dirigirá y que El es fiel para completar lo que ha comenzado a hacer en nosotros.

"Dios no nos ha dado un espiritu de temor, sino de poder, de amor, y de dominio propio."

Resumen:

En ocasiones pensamos que Dios nos manda a hacer algo. Es bueno buscar la dirección y la confirmación de parte de Dios pues el enemigo quiere engañarnos trayendo confusión. Dios siempre nos mostrará sus caminos y su voluntad para con nosotros si lo buscamos. Debemos asegurarnos, entonces, de tener nuestros oídos muy abiertos para escuchar su respuesta ya que nuestras decisiones pueden no solamente afectar nuestras vidas espirituales sino las de otros.

Que Dios les bendiga

Datos sobre el autor

El Dr. Joffre Pascal Vivoni, dentista de profesión, fue llamado al ministerio completo en el 1977. Salió de Puerto Rico en el 1981 y se radicó en Jacksonville, Florida, donde comenzó la Iglesia de Dios Hispana de Jacksonville (Jacksonville Hispanic Church of God and Crosscultural Center). Ha pertenecido a diferentes juntas de entrenamiento de pastores y a la junta de Ministerios Multiculturales de la Iglesia de Dios tanto a nivel estatal como a nivel nacional. Ha sido supervisor de iglesias. Hoy día, además de pastorear su iglesia, es el presidente de Southeastern Theological Seminary y Bible Foundations Ministries, Inc. Pertenece a las siguientes juntas educativas: Florida Council of Private Colleges y American Council of Private Colleges. Es un miembro fundador de la American Association of Christian Counselors.

La pasión del Dr. Vivoni es enseñar la Palabra de Dios.

www.ingramcontent.com/pod-product-compliance
Lightning Source LLC
Chambersburg PA
CBHW060420050426

42449CB00009B/2047